AF312428

VOYAGE

DE

LL. MM. L'EMPEREUR & L'IMPÉRATRICE

DANS LE CENTRE DE LA FRANCE.

SÉJOUR A BOURGES

(10 & 11 Juillet 1862)

(EXTRAIT DU JOURNAL DU CHER.)

BOURGES

Imprimerie et Lithographie de C. JOLLET fils,

Imprimeur de la Préfecture, de la Mairie, etc.

—

JUILLET 1862.

VOYAGE

DE

LL. MM. L'EMPEREUR & L'IMPÉRATRICE

DANS LE CENTRE DE LA FRANCE.

SÉJOUR A BOURGES

(10 & 11 Juillet 1862).

La visite de Leurs Majestés Impériales est un fait trop considérable dans notre histoire locale pour que nous ne rappelions pas en quelques mots les faits qui ont précédé ce grand événement.

Le vendredi, 6 juin, une dépêche de M. le premier écuyer aide-de-camp de l'Empereur informe M. le Préfet que Bourges est au nombre des villes que l'Empereur et l'Impératrice doivent visiter pendant leur voyage dans le centre de la France.

Aussitôt le Conseil général et le Conseil municipal sont convoqués et, à l'unanimité, ces deux Assemblées décident que, pour donner à la manifestation le caractère de grandeur qu'elle doit avoir, il faut laisser aux premiers magistrats de la ville et du département, toute latitude, toute liberté d'action. Rappelons en passant que, grâce aux sages prévisions de M. le Préfet, le département pourra contribuer très-largement dans les frais de réception sans que les habitants aient à en supporter les charges.

Le 20 juin, M. le Préfet fait afficher la proclamation suivante:

Habitants du Cher,

Vous n'avez été entretenus jusqu'ici que par la voix publique du voyage projeté dans nos provinces du Centre par LL. MM. l'Empereur et l'Impératrice. Sous l'impression d'une légitime impatience, vous vous demandez le temps que ces Augustes Visiteurs ont résolu de vous consacrer. Certain d'être auprès de vous le messager d'une heureuse nouvelle, j'ai hâte de fixer vos incertitudes, et je viens vous dire que vos espérances vont bientôt se réaliser. — Le 10 juillet prochain l'Empereur et l'Impératrice deviendront vos hôtes, en faisant leur entrée à trois heures 45 minutes du soir dans la ville chef-lieu du département, que Leurs Majestés devront quitter le lendemain 11 juillet, à une heure de l'après-midi.

Vers des temps qui s'éloignent et dont nos jeunes générations, élevées au milieu des prospérités d'un règne glorieux, auront bientôt perdu le souvenir, l'héritier de l'Empereur vint vous visiter une première fois. Partageant les anxiétés de la France impatiente de fixer ses destinées, Louis Napoléon, résistant encore aux vœux ardents qui s'adressaient à son patriotisme, débutait alors dans ces pérégrinations mémorables dont l'objet était d'interroger la grande voix du suffrage populaire. Vous avez marqué l'une des premières étapes de ces déplacements devenus historiques, et l'écho de vos acclamations retentissantes s'étant partout reproduit, l'Empire s'est aussitôt reconstitué.

Depuis cette époque, que de progrès ne se sont pas réalisés ! Avec la fortune de la France, nous avons vu grandir, chaque jour, celle du Souverain que vous avez tant de fois consacré. Vous vous êtes associés aux acclamations de sa capitale le saluant en tête de ses légions victorieuses de Crimée et d'Italie, et ne rentrant sur le sol de la patrie qu'après y avoir effacé le souvenir d'anciens et toujours douloureux revers.

Les succès de la paix, plus chers à son cœur comme plus utiles à l'humanité et partant plus durables, n'ont pas été moins éclatants ; l'industrie, délivrée d'entraves nuisibles au bien-être général, et l'agriculture, dont nous célébrions encore hier les éclatants triomphes, sont là pour en témoigner.

C'est dans la pensée de poursuivre ces utiles résultats que l'Empereur se dirige aujourd'hui vers vous ; afin de s'informer de vos besoins et de vos vœux, de se rendre compte des progrès de la Sologne, qu'il tient plus que jamais à voir régénérée, de jeter enfin les premières assises de ces grands établissements militaires que ses prévisions éclairées et persistantes auront su réserver aux sécurités de l'avenir, en vous en rendant les premiers dépositaires.

Mais j'abrége cette inutile énumération. Ne savez-vous pas en effet, avec la France entière, que depuis longtemps les titres de l'Empereur à sa reconnaissance ne peuvent plus se compter ? Vous serez donc empressés de lui en apporter l'éclatant témoignage, en venant répéter en l'honneur d'un grand souverain les acclamations enthousiastes par lesquelles vous saluiez, en 1852, le Prince Louis-Napoléon.

Vous serez heureux d'y associer notre charmante Souveraine, désignée d'avance, par un choix auguste, à l'amour des populations. Vous savez, en effet, comme elle sait se l'attirer à elle-même par son ardente charité pour tout ce qui souffre et par toutes les vertus qui distinguent les grandes reines. En accordant un souvenir à son fils bien-aimé, notre jeune Prince Impérial, vous saurez parler également à son orgueil et à son amour maternels. Vous lui ferez prendre ainsi le doux et solennel engagement de ne pas soustraire longtemps désormais aux témoignages de dévouement qui l'attendent, à son tour, ce jeune Chef de nos jeunes générations.

Habitants du Cher,

L'histoire a toujours considéré comme des faits considérables les voyages des Souverains. La tradition en transmet le souvenir à l'honneur des princes assez soucieux des besoins de leurs peuples pour les entreprendre. Notre ville de Bourges, pénétrée de ces enseignements que lui rappellent ses propres Annales, se dispose à recevoir ses Augustes Visiteurs avec une pompe et un éclat que j'ai l'ordre de contenir. Mais ce que je ne saurais modérer, c'est ce qui va le mieux au cœur de Leurs Majestés, la joie qu'à déjà fait naître partout la pensée du plus heureux des rapprochements. Au moment de sa réalisation, envoyez donc vos députations pour vous représenter; ou, mieux encore, venez tous confondre vos transports d'allégresse avec ceux de vos concitoyens de la ville de Bourges, et, par là, vous inscrirez ensemble une nouvelle date mémorable dans les fastes du second Empire.

Le Préfet du Cher, R. PAULZE-D'IVOY.

A dater de ce jour, la ville toute entière se met à l'œuvre; il s'agit de hâter les préparatifs d'une réception que l'affection et la reconnaissance devaient rendre si brillante. Le commerce et l'industrie se réunissent pour ajouter à l'éclat de la manifestation. Des souscriptions sont recueillies afin d'élever un arc-de-triomphe à l'Empereur. Partout on rencontre le plus grand empressement; de leur côté, les ouvriers veulent témoigner aussi de leur attachement à la Dynastie napoléonienne, et en quelques jours une Adresse à l'Empereur se couvre de 2,000 signatures.

Au milieu de l'enthousiasme général, une nouvelle qui causa quelque émotion circule en ville : « L'Empereur ne posera pas la première pierre des établissements militaires. » La déception fut grande, mais les inquiétudes se dissipèrent bientôt, et nous devons ajouter, à la louange de la population, que les craintes ne ralentirent en aucune façon l'entrain et l'ardeur des habitants, au contraire : à partir de ce moment, les préparatifs pour les démonstrations individuelles ou collectives furent poussés avec une fiévreuse activité et le plus complet dévouement.

Le 10 juillet, jour impatiemment attendu de l'arrivée de Leurs Majestés, approche, et M. le Maire, le 1er juillet, publie la proclamation suivante :

Habitants de la ville de Bourges,

Dans quelques jours, l'Empereur et l'Impératrice feront leur entrée solennelle dans cette ville, et, par un privilége dont je suis justement heureux et fier, il me sera permis, au nom du corps municipal et de toute la population, d'exprimer à Leurs Majestés notre profonde reconnaissance pour un si grand honneur, et de leur offrir l'hommage de notre respectueux et inaltérable dévouement.

Pour vous, chers Concitoyens, je suis convaincu que vous ferez à notre auguste Empereur un accueil non moins chaleureux que celui qu'il reçut de vous, en 1852, dans ce voyage triomphal où il préludait à la reconstitution de l'Empire, et préparait les grands événements qui doivent immortaliser son règne.

Vous n'oublierez pas que c'est à sa puissante volonté que la ville est redevable de ces grands établissements militaires qui nous sont irrévocablement acquis, et qui doivent contribuer si puissamment au développement du commerce et de l'industrie du département.

Vous saluerez et vous bénirez, avec nous, notre noble et gracieuse Impératrice, dont tous les jours sont comptés par ses bienfaits, qui entoure de sa haute protection les salles d'asile, et qui a réalisé la généreuse pensée de fonder, en faveur des ouvriers, la charitable institution du *Prêt de l'Enfance au Travail*

Vous acclamerez avec amour le Prince Impérial sur lequel reposent les destinées de la Patrie ; vous résumerez tous les sentiments de fidélité et d'attachement à la Dynastie dans cette ovation si nationale et si sympathique, que mille bouches à la fois aimeront à répéter :

Vive l'Empereur ! vive l'Impératrice ! vive le Prince Impérial !

A Bourges, Hôtel-de-Ville, le 1er juillet 1862.

Le Maire de la ville de Bourges,

PLANCHAT.

On verra par le récit qu'on va lire si la confiance que les premiers magistrats de la ville et du département ont eu dans le patriotisme et le dévouement des populations pour l'Empire a été trompée.

1re JOURNÉE.

(10 Juillet.)

L'Empereur et l'Impératrice viennent de quitter Bourges et l'air retentit encore des acclamations enthousiastes de la foule. C'est la dernière étape de ce voyage dans le centre de la France qui occupera aussi, malgré son peu de durée, une large place dans les annales de l'ère Impériale. Jamais nous n'avions vu les populations du Berry si profondément remuées, jamais manifestation populaire ne fut ni plus large ni plus expressive. Sur toute la ligne du chemin de fer, depuis Saincaize jusqu'à Bourges, dès midi, les deux côtés de la voie sont garnis d'une foule empressée attendant le moment de saluer Leurs Majestés, au rapide passage du convoi Impérial. De chaleureux vivats sont poussés de toutes parts. Plus on approche de Bourges, plus l'affluence est considérable et cependant presque toute la population des communes environnantes s'est rendue au chef-lieu. — Il n'y a plus personne dans les maisons, dans les fermes, tout le monde est dehors. C'est fête pour tout le département. À Saint-Amand, les magasins sont restés fermés; la ville s'est trouvée presque déserte pendant trente-six heures.

Malgré l'incertitude du temps, la présence de l'Empereur et de l'Impératrice a attiré à Bourges cinquante mille étrangers au moins. On savait d'avance que le nombre serait considérable, mais on était loin de se douter que l'invasion prendrait de si grandes proportions. Heureusement que par de sages précautions on avait assuré la subsistance de cette masse énorme de visiteurs; mais ce qu'on n'a pu faire, malgré les prévisions, c'est d'agrandir la ville de manière à pouvoir donner à tous l'hospitalité, aussi un assez grand nombre de personnes n'ont-elles pu trouver à se *loger* pendant les deux jours de fête.

La physionomie de la ville, dans la matinée, est presque indescriptible, tant l'animation est grande. Les ouvriers mettent la dernière main aux préparatifs; partout on décore, ou pavoise. Chaque quartier, chaque citoyen se dispose à manifester dignement ses sentiments d'affection et de reconnaissance. Les rues sont sillonnées de voitures, encombrées de promeneurs étrangers, heureux de voir l'entrain et l'enthousiasme qui règnent dans notre population. De tous les points arrivent des compagnies de pompiers dont on remarque la bonne tenue. En entrant en ville, les tambours battent, les clairons résonnent; 286 communes sur 290 que compte le département ont envoyé des députations. Les municipalités rurales, suivies des *médaillés de Sainte-Hélène*, viennent, drapeau en tête, apporter à Leurs Majestés le tribut de leurs vives sympathies. Le patriotisme fait battre tous les cœurs à l'unisson; la joie est sur tous les visages; Bourges est dans l'allégresse!

Les principales rues de la ville, entre autres celles que doit parcourir le cortége impérial, transformées par une épaisse couche de sable en larges allées de jardins, sont pavoisées de mâts vénitiens, de drapeaux, d'oriflammes et d'inscriptions; chaque maison a sa décoration. Il n'y a pas jusqu'aux maisons religieuses qui ne prennent part à la manifestation. Les façades disparaissent sous un rideau de feuillage relevé de guirlandes de fleurs. Les bois ont été mis à contribution: il est impossible de calculer le nombre d'arbres qu'on leur a enlevés; ce qu'il y a de positif, c'est qu'en ville il y en a partout. L'irrégularité de nos rues n'existe plus; l'alignement ne laisse plus rien à désirer; dans tous les coins et recoinson a établi des estrades sur lesquelles vont se presser bientôt des milliers de spectateurs!

Deux arcs de triomphe s'élèvent majestueusement dans la rue

St-Ambroix. Le premier, construit par la ville, affecte la forme d'un portique mauresque. Sur les deux côtés de l'ogive on lit cette inscription : *Au Fondateur des grands Etablissements militaires, la Ville de Bourges reconnaissante.* Les victoires qui ont augmenté la gloire du Souverain et grandi l'éclat de nos armes sont inscrites au fronton : *Magenta ! — Villafranca ! — Solferino !* Sur les côtés sont des écussons en mousse et en fleurs où on lit : *Vive l'Empereur ! vive l'Impératrice ! vive le Prince Impérial !* Le bas est orné de faisceaux de drapeaux dont les hampes sont reliées par un pannonceau aux armes impériales.

Le monument élevé au Poids-le-Roi en l'honneur de l'Empereur par le commerce et l'industrie a quelque chose de l'arc de triomphe de l'Etoile, avec cette différence qu'il est surmonté d'un aigle gigantesque aux ailes déployées. Les vastes proportions de ce monument lui donnent un caractère imposant qui ajoute encore au mérite et à l'éclat d'une manifestation à laquelle Sa Majesté a été on ne peut plus sensible. Ici les inscriptions sont nombreuses, trop nombreuses peut-être, car il y a un peu de confusion, mais le sentiment qui les a dictées est trop louable pour qu'on songe à se plaindre de la profusion. Voici quelles sont ces inscriptions :

Vive l'Empereur !

A Napoléon III ! l'industrie et le commerce reconnaissants.

Vive l'Impératrice ! vive le Prince Impérial !

Dans l'écusson de droite :

Création des grands Etablissements militaires.

1er octobre 1861.

Dans celui de gauche :

Visite du Prince-Président.

14 septembre 1852.

Enfin dans le bas des piliers sont inscrites les quatre sections de Bourges : Auron, Bourbonnoux, St-Privé, St-Sulpice.

Des faisceaux de drapeaux habilement disposés complètent la décoration de cet arc-de-triomphe, qui a été exécuté avec autant d'intelligence que de dévouement par les ouvriers de Bourges.

Aux Carmes et aux Quatre-Piliers le cortége impérial passe sous des guirlandes de feuillages qui se croisent en traversant les rues.

A trois heures de l'après-midi, les dispositions prises par les autorités civiles et militaires s'exécutent ; les troupes de la garnison, les pompiers, les députations forment la haie depuis la gare jusqu'à la cathérale, c'est-à-dire sur un parcours de plus de deux kilomètres.

La foule est tellement considérable que malgré l'esprit d'ordre qui anime les populations, l'artillerie à cheval, les gendarmes, les sergents de ville, en un mot malgré toutes les forces dont on dispose, on ne peut la contenir. Du haut en bas des maisons, les fenêtres, les balcons sont garnis de dames élégamment vêtues attendant impatiemment le moment de saluer l'Empereur et la gracieuse Souveraine qui, pour la première fois, paraît parmi nous.

Dans la cour de la gare se trouvent : l'équipage de LL. MM. attelé de quatre chevaux, trois voitures de la Cour et plusieurs autres appartenant aux hauts fonctionnaires de la ville ; le magnifique peloton des cent gardes est rangé en bataille en face des bâtiments. Dans l'intérieur de la gare, pavoisée et décorée avec un goût exquis, sont les autorités qui doivent recevoir LL. MM. : M. le Maire de Bourges, accompagné de ses deux adjoints, le conseil municipal, M. Tourangin, sénateur, MM. les Députés, MM. les généraux Ameil, Lyon, Mazure, Ulrich, et leur état-major; MM. les membres du Conseil général, etc. On remarquait parmi les personnes ayant un caractère officiel, un officier d'artillerie prussien, venu tout exprès pour assister aux exercices du tir qui ont eu lieu au polygone, en présence de l'Empereur.

Il est trois heures et demie, on signale un train ; aussitôt les conversations cessent ; tous les regards se dirigent vers Saint-Privé, mais on n'aperçoit rien. Le convoi vient de Paris, il est composé de 24 voitures de voyageurs qui presque tous s'arrêtent à Bourges. C'est le quinzième de la journée !

A ce moment, un violent orage nous menace, en effet, la pluie tombe avec assez d'abondance pendant quelques minutes, mais bientôt le ciel s'est rasséréné et le soleil vient ajouter son éclat à celui de la fête. L'averse n'a point diminué l'entrain de la foule, les visages sont toujours joyeux et l'enthousiasme va bientôt prouver que les cœurs ne le sont pas moins.

Le train impérial qui, d'après le programme officiel, ne devait s'arrêter qu'une demi-heure à Moulins, a dû y séjourner plus d'une heure, tant l'accueil fait à Leurs Majestés a été chaleureux. Les augustes visiteurs n'ayant pu se soustraire aux ovations qu'on leur avait préparées, arrivent à Bourges 25 minutes après l'heure fixée.

A quatre heures moins cinq minutes le canon salue le train impérial qui passe à St-Privé; les tambours battent aux champs, le convoi, conduit par les administrateurs de la Compagnie d'Orléans, entre en gare, il est quatre heures. Tout le monde se découvre et un immense cri de Vive l'Empereur ! Vive l'Impératrice ! sort de toutes les poitrines. Leurs Majestés descendent de voiture, les vivats recommencent plus énergiquement encore.

L'Empereur a l'uniforme de général de division et il porte le grand cordon de la Légion-d'honneur en sautoir. Sa Majesté paraît jouir d'une très-bonne santé.

L'Impératrice, au moment de l'arrivée, est vêtue d'une robe de soie bleue avec raies blanches, d'un mantelet de dentelle noire et d'une capote blanche. Pour le défilé, elle avait remplacé le mantelet par un long manteau de velours noir.

Sa Majesté, quoique souffrante, a conservé cette expression de physionomie charmante et gracieuse qui la fait aimer à première vue; son regard est doux, affable, et elle sourit avec son cœur qui est un trésor inépuisable de tendresse et de bonté.

Les personnes qui ont l'honneur d'accompagner l'Empereur et l'Impératrice, sont :

Mmes de Sancy, dame du Palais ;
   la comtesse de Viry ;
MM. le maréchal Baraguey d'Hilliers, commandant le 5e corps d'armée ;
   le général Fleury, premier écuyer, aide-de-camp ;
   le général de division de Béville, d° ;
   le capitaine de Clermont-Tonnerre, officier d'ordonnance ;
      d°   Jumel, d° ;
   le vicomte de Laferrière, chambellan ;
   le baron de Varaigne, préfet du palais ;
   le baron de Bourgoing, écuyer de l'Empereur ;
   le marquis de la Grange, d° de l'Impératrice ;
   de Tascher de La Pagerie, maréchal-des-logis du palais ;
   Piétri, attaché au cabinet de l'Empereur ;
   Amyot, inspecteur du télégraphe.
   Yrvoix, Inspecteur général de police.

M. le Préfet du Cher, M. le général Sol, M. le Premier Président et M. le Procureur général, qui s'étaient rendus à Saincaize pour recevoir LL. MM., reviennent dans le train impérial.

L'Empereur et l'Impératrice entrent dans le magnifique salon de réception que la C^e d'Orléans a fait disposer pour cette circonstance, et là Elles sont reçues par M. le Maire de Bourges, qui s'exprime en ces termes :

Sire,

J'ai l'honneur de présenter très-respectueusement à Votre Majesté les clefs de la ville.

Elles sont le symbole de notre entière soumission aux lois de l'Etat et la faible expression de la fidélité que nous vous avons jurée.

Aucun événement ne peut être plus heureux pour les provinces, à des époques solennelles, que la bienfaisante apparition des Souverains parmi les populations, dont ils apprennent à connaître les besoins, et c'est pour nous un honneur inappréciable de pouvoir offrir à Votre Majesté le respectueux hommage de notre dévouement et de nos vœux.

C'est à vous, Sire, que le pays est redevable de sa puissance et de sa grandeur, et nous nous associons de cœur à la reconnaissance publique.

Mais qu'il soit permis au corps municipal de la ville de Bourges d'offrir humblement à Votre Majesté un témoignage particulier de la profonde gratitude des habitants pour un bienfait qui les touche spécialement.

Vous avez décrété, Sire, dans l'intérêt de la défense nationale, que de grands établissements d'artillerie seraient fondés dans cette ville, et déjà l'enceinte en est tracée, et très-incessamment des milliers de travailleurs seront à l'œuvre.

Le département du Cher s'en félicite pour son commerce et son industrie, et Bourges y voit, avec un vif sentiment de satisfaction, une source féconde de travail et de bien-être pour la génération présente et pour nos arrières neveux.

A Sa Majesté l'Impératrice.

Madame,

Cette journée sera comptée comme la plus belle et la plus mémorable de notre histoire locale, et nous l'inscrirons en lettres d'or dans nos annales pour en éterniser le souvenir.

La bonté, Madame, ajoute un nouveau charme à la beauté, et la renommée, qui ne peut suffire à publier tous vos bienfaits, nous apprend aussi avec quelle grâce touchante votre main les répand.

Le Prince Impérial, dont il eut été si flatteur pour nous de contempler les traits charmants et d'admirer la précoce intelligence, n'en aura pas moins une large part dans les ovations enthousiastes de la foule qui est accourue de toutes parts pour vous bénir.

Initié à la vie par vos précieux enseignements, inspiré par d'augustes exemples, et sous la puissante direction de son glorieux père, votre fils bien-aimé, Madame, deviendra, en peu d'années, un Prince accompli, digne de commander à la grande nation sur laquelle il est destiné à régner, et qui ne cessera de lui rendre, en amour, en dévouement, en fidélité, tout ce qu'elle lui devra de prospérité, de paix et de bonheur.

Vive l'Empereur! vive l'Impératrice! vive le Prince Impérial!

Les trois noms prononcés par M. le Maire de Bourges sont acclamés avec un élan qui prouve d'une manière bien éloquente combien ils sont sympathiques parmi nous.

A ce discours de M. Planchat, si bien senti, si plein d'à-propos, l'Empereur a répondu « que l'accueil qu'il recevait était pour » lui la preuve que le sentiment des populations n'était pas » changé, car Sa Majesté se rappelait avec plaisir qu'il y a dix ans » Bourges était la première ville qui eut acclamé l'Empereur. »

L'Empereur a ajouté « qu'il voulait faire de Bourges un grand » établissement militaire, placé dans une position centrale, à l'a- » bri de toute attaque, et qui devait augmenter encore les forces » défensives de la France. »

L'Empereur a terminé en disant « que Bourges était, par sa » position, le cœur de la France; qu'il ne doutait pas que ce » cœur ne battît pour tout ce qui touche à la grandeur du pays. »

Ces paroles sont catégoriques; elles n'ont pas besoin d'explications pour être comprises. Tout le monde peut en apprécier l'importance. Désormais le doute n'est plus possible, les grands établissements militaires sur lesquels Bourges fonde ses espérances d'avenir lui sont irrévocablement assurés. L'Empereur en donnant sa parole a posé moralement la première pierre de l'édifice.

Décrire l'enthousiasme avec lequel fut accueillie la promesse du Souverain est chose impossible. Leurs Majestés avaient déjà quitté la salle de réception depuis quelques instants que les cris de : *vive l'Empereur ! vive l'Impératrice ! vive le Prince impérial !* se répétaient encore et avec une énergie croissante. Si nous avons compté sur l'Empereur, il a bien le droit à son tour de compter sur la reconnaissance et sur l'affection de la ville de Bourges, car en cette circonstance elle a pris, par l'organe de ses représentants, un solennel engagement de dévoûment et de fidélité. — Elle n'y faillira pas.

2

A peine l'Empereur et l'Impératrice ont-ils mis le pied dans la cour de la gare, qu'ils sont salués par les acclamations de la foule. Leurs Majestés montent en voiture ; à côté d'Elles prennent place M. le maréchal Baraguay-d'Hilliers et M. le général de Béville. Les personnes de la suite occupent les autres voitures.

De la gare à la cathédrale les acclamations contenues jusque-là éclatent avec une force et une expansion vraiment extraordinaires. Ce n'est, sur tout le parcours, qu'un long et chaleureux vivat. Entre autres maisons qui se distinguent par une décoration élégante et ayant quelque signification, celle de Mme Mancini a surtout attiré l'attention de Leurs Majestés. La décoration est de bon goût et la nature des inscriptions ne permet pas le doute sur le caractère de la manifestation. Sur un mur de la rue Moyenne se trouvent ces mots : *A deux grands cœurs.* Un peu plus loin, sur la maison des sœurs, au Poids-le-Roi, on lit: *Les Sœurs de charité de Bourges à l'Impératrice !*

Vers cinq heures les cloches de la cathédrale sonnant à toutes volées annoncent l'entrée de l'Empereur et de l'Impératrice dans la magnifique basilique. Mgr Latour-d'Auvergne, revêtu des habits pontificaux et en tête de son clergé, reçoit Leurs Majestés à l'entrée de la grande nef et leur adresse les paroles suivantes :

SIRE,

Il y a dix ans, sur cette même place, malheureusement trop étroite, à l'entrée de cette même basilique dont la ville de Bourges est justement si fière, des cris enthousiastes, devançant l'avenir de quelques mois, saluaient l'Empereur, et bientôt la France y répondait par une immense acclamation. Aujourd'hui les mêmes cris se font entendre; seulement au nom de Votre Majesté se trouvent mêlés et le nom de l'Impératrice, dont nos populations sont si heureuses de contempler un instant la douce Majesté, et celui du Prince Impérial, sur qui reposent tant d'espérances... Le clergé de Bourges, Sire, s'associe avec respect à ces témoignages de dévouement et de joie; lui aussi, il demande que l'Empereur vive ; qu'il vive pour la grandeur de la France, pour le bien de l'Eglise; car ce sont deux choses que nous ne savons pas séparer dans nos affections; et en les confondant ici dans un seul et même vœu, c'est la gloire de Votre Majesté, Sire, que nous voulons et que nous souhaitons.

Pour vous, Madame, dont la Majesté brille par la bonté encore plus peut-être que par la grâce, et qui, par une pieuse et charitable munificence, faites bénir Votre nom dans nos villes comme dans nos campagnes les plus éloignées, daignez prendre une large part à nos hommages et à nos vœux; que Dieu, qui est la Bonté suprême, accomplisse tous les désirs de votre cœur, et qu'il vous rende en bénédictions les bienfaits que Votre Majesté a déjà répandus et répandra encore parmi nous.

L'Empereur a répondu « qu'il était reconnaissant des témoi-
» gnages de dévouement dont l'archevêque se faisait l'interprète, »
et, après quelques paroles de remerciement, l'Empereur a dit
« qu'en présence des injustices des uns et des excitations des
» autres, il resterait inébranlable dans la ligne qu'il s'était tracée,
» et que, tout en maintenant intacts ses droits de Souverain, il
» saisirait toujours les occasions de témoigner de son respect pour
» la religion et de sa déférence pour le clergé. »

Immédiatement après Leurs Majestés sont conduites processionnellement, aux sons harmonieux du grand orgue, sur l'estrade qui leur a été dressée dans le chœur. Après le *Domine salvum fac Imperatorem,* Mgr l'archevêque a accompagné Leurs Majestés jusqu'à la porte principale, et quelques instants après le cortége impérial entre à la Préfecture au bruit de nouvelles, mais toujours aussi chaleureuses ovations.

La foule, sur ce point de la ville comme à la cathédrale, du reste, n'est pas moins compacte que dans la rue St-Ambroix, et on a toutes les peines du monde, bien que la place de l'Arsenal soit assez spacieuse, à ménager un passage pour le cortége.

La préfecture d'aujourd'hui ne ressemble en rien à l'hôtel tant soit peu délabré que tout le monde connaît. Le velours, la soie, l'or, la verdure, les fleurs l'ont complètement transformée extérieurement, et d'un intérieur très-ordinaire, ces produits de l'industrie et de la nature, combinés avec autant de goût que de grâce, ont fait un palais tout-à-fait digne de recevoir d'augustes Hôtes. La cour elle-même n'est plus reconnaissable : des massifs de fleurs, d'arbustes et de plantes rares dissimulent, sous leur gracieux aspect, la pauvreté et la nudité de la façade. L'effet est si joli qu'on regrette que les choses ne restent pas ainsi.

La distribution intérieure des appartements a été un peu modifiée. La salle du conseil général communique maintenant par deux portes de côté à l'appartement donnant sur le jardin ; il a suffi d'abattre deux cloisons pour obtenir ce résultat si désirable ; de sorte qu'on a aujourd'hui de plein pied cinq magnifiques salons, ce qui permet de donner désormais de belles fêtes à l'hôtel de la préfecture.

Les appartements ainsi disposés offrent le plus charmant coup d'œil que l'on puisse voir.— Cette longue galerie de tentures en velours et satin, de tapis, de dorures, de glaces, de lumières, a quelque chose d'imposant qui rehausse encore l'éclat du riche mobilier garnissant les salons. — La salle du trône est splendide ; les tentures, portières, ainsi que l'ameublement Louis XV, sont en satin amaranthe. Le trône, en velours grenat avec torsade et crépine d'or, est placé entre les deux portraits en pied de l'Empereur et de l'Impératrice en grand costume officiel.

En quittant la galerie à gauche, on entre dans l'antichambre des gardes, ornée de trophées d'armes, puis à droite se trouve la chambre de l'Empereur, tendue de soie vert tendre. L'ameublement est de même nuance. La chambre à coucher de l'Impératrice communique à celle de l'Empereur par le cabinet de toilette de Sa Majesté et par un petit couloir. Cette chambre est tendue de soie bleue et blanche. Les chaises, fauteuils et canapés sont de même étoffe, mais toute bleue. Les meubles sont de boule. Le cabinet de toilette qui fait suite est rose et blanc. Tous les objets de toilette de Leurs Majestés sont marqués à leurs chiffres. Nous avons remarqué une magnifique coupe en verre dont le pied est formé de trois ibis. Le travail de cette coupe, donnée pour être offerte à l'Impératrice, est remarquable d'exécution ; on le doit à M. Hache, de Vierzon. Tout ce matériel de tenture, de meubles, de tapis et objets accessoires, qui est très frais et d'une grande richesse, appartient à M. Belloire, de Paris.

A côté de cette chambre se trouvent une salle de bains et un boudoir d'une inexprimable coquetterie. Les dispositions de ces trois pièces sont d'un goût trop exquis et révèlent trop clairement les attentions délicates d'une femme distinguée pour ne pas trahir les conseils de Mme Paulze-d'Ivoy.

Sur la cheminée du salon particulier de l'Impératrice, devant lequel on a pratiqué un balcon donnant sur la cour d'honneur, se trouvent deux très beaux vases et une lampe en porcelaine qui, par leurs proportions et leur forme élégantes autant que par le fini de la fabrication, sont un des plus ravissants produits de l'industrie céramique; à MM. Pilliwuyt, de Mehun, appartient l'honneur de ce beau et précieux travail.

A leur entrée dans la cour de l'hôtel, M. Patrolin, jardinier, conduit vers l'Impératrice vingt-deux jeunes jardinières dont voici les noms, qui offrent des fleurs à Sa Majesté :

Mlles Justine Patrolin, Gimonet, Tisserat, Rissin, Bruno, André, Laveau, Néron, Chassignat, Bierge, Céline Patrolin, Marchand, Moreau, Renaud, Martin, Vallée, Baland, Montigny, Roger, Feuillet, Bauchard, Beauvais.

Voici leur costume:

La *juste*, le tablier gorge-pigeon à bavette, le fichu ruche, les bras nus jusqu'à la saignée, mais gantés ; manches plates s'arrêtant au-dessus du coude et terminées par une petite garniture ; la cornette blanche ; au cou, la chaîne, la plaque et la croix d'or à grelot ; bas blancs et souliers découverts.

L'Impératrice les remercie fort gracieusement de leur présent. L'Empereur a trouvé leur costume fort coquet.

Leurs Majestés arrivées en haut du grand escalier, ont trouvé un essaim de jeunes filles, en fraîches toilettes blanches, qui les attendaient pour offrir à l'Impératrice un charmant bouquet sorti des serres d'un de nos plus habiles jardiniers. — Mademoiselle de Nesle, en le présentant à Sa Majesté, lui a dit avec une émotion facile à comprendre, quelques mots qui partaient du cœur, et l'Impératrice a daigné l'accepter avec cette grâce parfaite dont elle seule a le secret.

Voici les noms des compagnes de Mlle de Nesle :

Mlles d'Arnaud, Belleau, Bensard, Gabard, Joly-Frigola, Gaïetta, Lesueur, Lainé, Langumier, Besson, Meugniot, Porcheron, Gauthier, Hyver, Mater, Menier, Morot, Massé (2 demoiselles), Naudin, Richard, Renaud, Louise Garban, Lefèvre, Dajon, Ernestine Mantin, Bourlon, Chicot, Dardare, Grumelle, Petit, Thurin, Dantin.

Pendant que Sa Majesté l'Impératrice recevait la députation des demoiselles de Bourges, l'une d'elles, Mlle Gabrielle Petit, remit dans une corbeille qui se trouvait là une charmante pièce de vers en l'honneur de l'Impératrice. Sa Majesté vit le geste de la jeune personne ; elle se fit remettre le manuscrit, et, après en avoir pris connaissance, elle complimenta avec sa grâce habituelle la jeune fille toute confuse de tant de bonté.

Voici la pièce de vers :

> Daignez accepter cette fleur ,
> Madame , sa beauté de la vôtre est la sœur,
> Puisqu'elle est toute souveraine.
> Chacun verra, j'en suis certaine ,
> Dans son parfum plein de douceur ,
> Le véritable et pur symbole
> De ces suavités du cœur
> Qui vous rendent notre idole;
> Si nous admirons tous l'éclat de vos attraits ,
> De vos bontés sans nombre on proclame les traits :
> Votre âme, pour le bien, se montre inépuisable ;
> A tant d'infortunés vous êtes secourable!
> Par vous tant d'orphelins retrouvent un doux nid !
> Reine, pour vos bienfaits, le peuple vous bénit,
> Priant Dieu que longtemps il vous garde à la France ,
> Ainsi que l'Empereur, et protége l'enfance
> Du Prince qu'aujourd'hui nous aurions voulu voir
> Près de vous, radieux et beau comme l'Espoir.

Ensuite sont présentées à S. M. l'Impératrice par Mme Paulze-d'Ivoy les Dames patronesses de la Société du Prince Impérial, des Salles d'asile et de Société de la Maternité, et les Femmes de Fonctionnaires, dont les noms suivent :

Mmes Corbin, — la baronne Ameil, — Planchat, — Robert de Chenevière, — de Barral de Villers, — de Bardonnet, — Bazenerye, — de Beauregard, — Belleau, — Belliotte, — Besson, — Billon du Plan, — Blin, — Bourbon, — Bourdaloue, — Bureau, — Bussière, — Charmeil, — Chénon, — Chonez, — la vicomtesse d'Arnaud, — Delépine, — Duhail, — Duliége, — Dumonteil, — Dupont, — Gallicher, — Gautereau, — Gesbert, — de Golberg, — Laborde, — Laigle, — de Lapparent, — Lebon, — Leddet, — Lesueur, — Loyer, — Macavoy, — Martinet, — Mater (Alphonse), — Massé , — Mikaleff, — Morellet, — Naudin, — des Noyers, — Ponsard, — Porcheron, — Prisse, — Richard, — Roger, — la baronne Sallé, — Saint-James, — Sanglé-Ferrières, — Tarlier, — Thévenard-Guérin, — Tenaille, — Paultre.

Après la réception des dames et demoiselles présentées à S. M. l'Impératrice, les présentations de fonctionnaires ont eu lieu.

Voici l'allocution prononcée par M. le sénateur Tourangin, vice-président du Conseil général du Cher, en présentant cette assemblée à Leurs Majestés :

Sire,

J'ai l'honneur de présenter à Votre Majesté le Conseil général du Cher.

3

Pendant que l'Empereur et l'Impératrice recevaient à la Préfecture les autorités, les dames de fonctionnaires, les dames patronesses des Sociétés de charité, les demoiselles, les jardinières, etc., la population se portait vers Séraucourt où devait avoir lieu le défilé. Dans la rue du Vieux-Poirier et sur l'esplanade Saint-Michel tout le monde a admiré la décoration pleine de goût de la caserne du 19ᵉ régiment d'artillerie, de la direction et de l'école d'artillerie. Le bronze des canons au milieu du feuillage offrait un assez grand contraste avec la gaieté de nos couleurs nationales, mais la disposition de ces engins était si heureuse que l'effet n'en était que plus grand.

Aussitôt après les réceptions officielles, l'Empereur et l'Impératrice sont venus sur la terrasse de la préfecture, en face la promenade Séraucourt, où leur avait été dressée une élégante tribune. Un grand nombre de dames, d'officiers généraux, de fonctionnaires et d'invités ont pris place de chaque côté de l'estrade.

Au moment où LL. MM. s'approchaient de manière à être aperçues de la foule, la Société orphéonique de Bourges a exécuté une cantate dont voici les paroles :

CHŒUR.

En nos vieux murs soyez les bienvenus,
    Vous que chérit la France !
En nos vieux murs soyez les bienvenus,
    O ! vous notre espérance !...

Ensevelie en ton antique gloire,
Bourges, debout ! Voici ton Souverain !
Page immortelle à graver dans l'Histoire :
Napoléon vient changer ton destin.

Et vous, auguste Souveraine,
Ange béni de tous les malheureux,
La Charité : voilà votre domaine ;
Car vous suivez le précepte des Cieux.

Votre aimé Fils qui, déjà, pour couronne
A le prestige et l'éclat du renom,
Grandit encor, puisqu'au Travail il donne :
Aide, secours et l'appui d'un grand nom.

    Sire,
Notre Cité, fut la première
— Elle en revendique l'honneur —
Qui, devançant la France entière,
Vous salua comme Empereur.
En ce beau jour, heureuse et fière,
Elle répète avec son cœur :
    Vive l'empereur !...

La musique vive et gracieuse de **M. Herzog**, directeur de l'orphéon, a paru être fort goûtée de **Leurs Majestés**, mais particulièrement de l'Impératrice.

Il était 5 heures et demie lorsque le défilé commença. Les élèves du Lycée, musique en tête, ouvraient la marche.

Puis viennent les élèves de l'école normale et de l'école supérieure ; les anciens militaires décorés, commandés par M. le colonel de Toirac, et les porteurs de la médaille de Saint-Hélène, conduits par M. le baron Augier, défilent sur quatre rangs de 100 hommes de front, en poussant les plus énergiques cris de : Vive l'Empereur ! Vive l'Impératrice ! Vive le Prince Impérial ! cris répétés sans interruption pendant plus d'une heure et demie qu'a duré le défilé. Les élèves du Petit-Séminaire et leurs professeurs se sont particulièrement fait remarquer par l'ensemble et la chaleur de leurs acclamations. 50,000 personnes au moins ont passé sous les yeux de Leurs Majestés. Sur un ordre de l'Empereur, les gendarmes cessèrent de contenir la foule qui, se mêlant aux députations des communes, passa en rangs serrés devant la tribune impériale.

Avant de rentrer à l'hôtel, M. le Préfet a remis entre les mains de l'Empereur une adresse des Ouvriers de Bourges couverte d'environ 2,000 signatures.

Voici le texte de cette adresse publiée par le *Moniteur* :

Sire,

Les ouvriers de la ville de Bourges sont heureux et fiers de l'occasion que leur offre Votre Majesté de déposer à ses pieds l'hommage de leur entier dévouement et de leurs respectueuses sympathies.

Depuis dix ans que nous avions eu la joie de posséder Votre Majesté au milieu de nous, nous soupirions chaque jour après le moment béni de vous saluer de nouveau, vous, Sire, le libérateur de la France et le plus grand des monarques.

Mais, comme vous tenez à marquer votre passage en chaque lieu par quelque acte remarquable, vous n'avez pas voulu revenir à Bourges sans qu'il vous fût possible d'y laisser des traces ineffaçables d'une seconde visite.

Votre Majesté a atteint ce but en gratifiant le Berry de grands établissements militaires destinés à changer la face de notre cité et à agrandir son commerce de façon à lui assigner une place auprès des premières villes de France.

Votre Majesté, Sire, a été frappée de cette parole mémorable : « Un Souverain ne peut connaître les besoins de ses sujets qu'en parcourant lui-même et souvent ses États. » Et cette parole, Votre Majesté a fait plus que la méditer. Elle l'a mise à exécution. Il n'est pas un de nos départements dont vous n'ayez étudié personnellement les nécessités, et qui n'ait reçu une preuve éclatante de l'intérêt que vous portez au peuple et à la prospérité de notre belle patrie.

Partout ce sont des chantiers immenses établis dans le dessein surtout de procurer à la classe ouvrière, que vous protégez si ouvertement, le travail et le bien-être. Grâce à Votre Majesté, des chemins de fer sillonnent la France sur toute son étendue, permettent l'écoulement prompt et facile de nos denrées commerciales et des productions diverses de notre sol.

Bourges, comme tant d'autres villes, a eu sa part dans la distribution de vos bienfaits. Et pourquoi n'auriez-vous pas pensé à nous ? N'est-ce point d'ici, Sire, que partit ce cri dont retentirent tous les échos de nos provinces, ce cri de *Vive l'Empereur !* alors que Votre Majesté n'était encore qu'au prélude de son grand règne.

Des guerres entreprises pour de justes causes et glorieusement terminées nous ont placés avant toutes les puissances et ont relevé notre drapeau tricolore, aussi respecté maintenant et aussi craint qu'il l'était sous le gouvernement de votre Oncle, dont l'ombre immortelle doit être justement orgueilleuse de vos succès.

Par sa politique prudente et toujours noble, Votre Majesté en est arrivée à ce point que c'est sa haute sagesse qui sert actuellement de balance aux destinées de l'Europe et même des autres parties du monde. Et vous, Madame, souffrez que nous tournions aussi vers vous nos regards reconnaissants. Agréez nos remercîments sincères pour la sollicitude dont vous nous entourez.

N'est-ce pas Votre Majesté qui, émue des souffrances des ouvriers, a fondé cette belle institution des prêts de l'enfance au travail, à la tête de laquelle se trouve ce jeune Prince, l'espoir de l'avenir et l'objet du tendre amour de nous et de nos enfants, qui déjà ont appris à prononcer respectueusement son nom dans leurs prières, et qui sourient à l'idée d'être un jour gouvernés par lui.

Trois noms à jamais chers à notre pays, trois noms qui orneront les plus belles pages de notre histoire, seront désormais attachés aux destinées de la France : celui de l'Impératrice Joséphine, celui de la Reine Hortense, celui de l'Impératrice Eugénie.

Sire, Madame,

Fasse le ciel que vous viviez encore longtemps pour assurer notre bonheur et perpétuer notre gloire !

Que nos souhaits vous accompagnent et que votre cœur nous comprenne dans ces trois cris que les nôtres vous offrent comme l'expression la plus certaine de notre respect et de notre enthousiasme :

Vive l'Empereur!
Vive l'Impératrice !
Vive le Prince Impérial !

Au dîner offert par l'Empereur étaient invités M. le Maire de Bourges et ses deux adjoints, M. le maréchal Baraguey-d'Hilliers, MM. les généraux présents à Bourges, M. Tourangin, sénateur, Monseigneur l'Archevêque de Bourges, M. l'abbé Caillaud, Vicaire-Général MM. les députés, M. le Préfet, M. le premier Président, M. le Procureur-Général, MM. les présidents des tribunaux civils, de première instance et de commerce, MM. les colonels et M. le commandant de gendarmerie, MM. les chefs de service, etc. On remarquait parmi les invités M. le colonel de Toirac comme étant l'officier du plus haut grade des médaillés de Sainte-Hélène, et un officier d'artillerie Prussien invité par l'Empereur. Un des agriculteurs les plus distingués du département, M. Constant Auclerc, a pris place aussi à la table de l'Empereur. Sa Majesté a daigné s'entretenir avec lui quelques instants; Elle s'est informée avec beaucoup d'intérêt de l'état des récoltes. M. Auclerc a rassuré son illustre interlocuteur : « Bien que la température de ces derniers temps, lui a-t-il dit, n'ait pas permis de réaliser toutes les espérances, l'année sera encore très-bonne. »

Le dîner, qui avait lieu dans la grande salle du Conseil général, était splendidement servi. La salle, ornée avec beaucoup de luxe, resplendissante de lumières, offrait le plus imposant coup d'œil que l'on puisse voir. Malheureusement on a eu à regretter l'absence de S. M. l'Impératrice, qui s'est trouvée un peu fatiguée à la suite du défilé.

Le diner a été fourni par l'Hôtel de France; le service appartient à **M. Armand Dias**, de Paris.

Après quelques moments d'un entretien général, dans lequel l'Empereur s'est montré plein de bienveillance et d'affabilité pour ses hôtes, les invités se sont retirés il était près de 9 heures.

Il nous est impossible de décrire l'aspect de la ville à ce moment. On eut dit que Bourges était en feu, tant les illuminations étaient nombreuses et brillantes. — Lors même que nous aurions le temps et l'espace nécessaires pour rendre un compte fidèle de nos impressions, nous renoncerions à citer les maisons particulières qui se sont signalées par une démonstration éclatante. — La liste quoique très longue contiendrait encore des omissions, car nous n'avons pas pu tout voir.

De la Préfecture au théâtre la foule était immense. A dix heures l'Empereur, l'Impératrice et leur suite se rendent au bal dans quatre magnifiques voitures de gala. Nous devons dire en passant que notre ville a été favorisée sous ce rapport, car ces somptueuses voitures n'ont paru qu'à Bourges pendant tout le voyage de Leurs Majestés dans le centre.

Les plus chaleureuses acclamations accueillent Leurs Majestés à leur passage. Elles sont entrées dans la salle du bal que les cris de *Vive l'Empereur! vive l'Impératrice!* retentissent encore.

On sait de quelle manière on a suppléé à l'exiguité de notre salle de spectacle afin de répandre les invitations le plus possible. Nous n'entreprendrons point non plus la description des deux salles, que nous avons faite déjà en grande partie; nous nous contenterons de dire que tout cela était magnifique de fraîcheur, d'élégance et de richesse. Mais nous le constatons à regret, tous les soins, tous les efforts, toutes les dispositions prises n'ont pas satisfait complètement aux exigences nées de la situation elle-même. Quoi qu'il en soit, les invités ont répondu avec empressement à l'invitation de la municipalité. Dès sept heures les portes de l'hôtel Jacques-Cœur étaient assiégées. La salle annexe, très-brillante et bien décorée, servait de passage aux dames, qui seules étaient admises dans le théâtre.

Donc, depuis longtemps déjà, la salle principale était occupée lorsque vers 10 heures l'Empereur et l'Impératrice sont entrés dans le salon faisant face à la scène qui leur était exclusivement réservé. Tous les assistants se sont levés et ont accueilli LL. MM. par d'énergiques vivats. — L'Empereur s'est découvert et l'Impératrice a gracieusement salué ses respectueux admirateurs.

Après quelques instants de repos, Leurs Majestés sont descendues, chacune de son côté, par les deux escaliers symétriques qui partaient du salon impérial.

L'Empereur était, comme le matin, en tenue de général de division; l'Impératrice attirait tous les regards, plus encore par sa grâce, son élégance et sa beauté que par la richesse de sa toilette et l'éclat du diadème qui étincelait sur son front. Sa Majesté portait une robe en dentelle blanche, avec petits volants au bas en point d'Angleterre ; ces volants étaient garnis dessous de branches de lilas avec feuillage. La coiffure, en lilas blanc avec feuillage, était entremêlée de diamants. La parure était aussi en diamants.

M. le Maire a offert à S. M. l'Impératrice un magnifique bouquet de fleurs naturelles exo'iques, enchassées dans un riche portebouquet en or massif, avec poignée en jaspe sanguin aux armes de la ville. Sa Majesté a vivement remercié M. le Maire du présent que lui faisait la ville, et duquel, a-t-elle dit, elle conservera toujours un très-bon souvenir.

Le bal a été ouvert par un quadrille d'honneur dans lequel l'Empereur a dansé avec Mme Planchat, femme du Maire, et l'Impératrice avec M. Gaietta, premier Adjoint.

Après ce quadrille, Leurs Majestés sont remontées dans leur loge et les danses ont continué. Un peu plus tard, Leurs Majestés sont descendues de nouveau ; Elles ont traversé la salle de bal pour visiter la salle annexe, où ne se trouvaient que des hommes. Aussitôt qu'Elles ont paru, les cris de: Vive l'Empereur ! Vive l'Impératrice! vive le Prince Impérial ! ont éclaté et se sont prolongés jusqu'à leur retour.

L'Empereur et l'Impératrice ont visité le gracieux jardin improvisé dans la cour de l'hôtel Jacques-Cœur et qui offrait par son heureuse disposition, relevée par un brillant éclairage, un ravissant aspect.

Il était près de onze heures lorsque Leurs Majestés se sont retirées.

Le bal n'a fini qu'à quatre heures du matin. L'orchestre a été digne de la fête offerte à Leurs Majestés. — L'exécution des quadrilles, polkas, valses etc., a été enlevée avec un ensemble et une variété de nuances très délicatement observées.

Un incident qui s'est produit au bal et dont tout le monde a été témoin est venu prouver combien S. M. l'Impératrice s'intéresse à tous ceux qui l'entourent. La chaleur était si grande, qu'un des cent-gardes de service au bas de l'escalier par où devait descendre l'Empereur est pris tout à coup d'un étourdissement. L'Impératrice le voyant chanceler, se lève aussitôt pour lui porter secours; mais un officier qui s'était aperçu de la défaillance du cent-gardes était arrivé à temps pour le soutenir au moment où il allait tomber. Lorsqu'on le remonta pour lui faire donner les soins dont il avait besoin, l'Impératrice se pencha hors de sa loge et lui donna de l'air avec son éventail. Cet incident a produit une vive impression sur l'assistance.

En sortant du théâtre Leurs Majestés ont trouvé une foule si compacte que la circulation était devenue impossible pour les piétons; les voitures de la Cour sont retournées assez lentement à l'hôtel de la Préfecture.

Les promeneurs ont continué à parcourir les rues longtemps encore; les hôtels, cafés et restaurants n'ont pour ainsi dire pas fermé de la nuit, et pourtant un grand nombre d'étrangers ont couché dehors.

La place Séraucourt offrait, le 11 au matin, le spectacle le plus pittoresque.

Des hommes, des femmes, s'étaient fait une tente d'un parapluie et avaient passé, après avoir visité les dernières illuminations, le restant de la nuit sur un banc ; d'autres avaient cherché le repos sous une tente abandonnée par les danseurs, et s'y étaient couché pêle-mêle.

2me JOURNÉE.

(11 Juillet.)

L'animation de la veille n'a point diminué ; toujours le même encombrement dans les rues, toujours la même gaieté sur les visages. Dès huit heures les troupes se rendent au Polygone, où doivent être exécutées des manœuvres et exercices de tir. La route de Dun-le-Roi, jusqu'au Petit-Séminaire, n'est qu'un flot humain ; les fossés de la route sont pleins de monde. A dix heures l'Empereur à cheval, accompagné du maréchal Baraguay-d'Hilliers, des généraux Fleury, de Béville, Mazure, Uhrich, Sol, des officiers de sa suite, se rend au Polygone. Sur son chemin Sa Majesté retrouve les mêmes témoignages d'affection et de dévouement. Les habitants du Château ont voulu se distinguer aussi : toute la route de Dun-le-Roi est convertie en avenue ; de chaque côté on a planté des arbres.

L'Empereur est resté plus d'une heure au polygone. Après les manœuvres, exécutées avec un ensemble dont il a félicité les troupes, S. M. a fait commencer l'expérience d'un tir à 45 degrés, auquel elle attache une certaine importance. Le but de ce nouveau tir est de pouvoir remplacer, dans une attaque de siége, lorsqu'on se trouve en présence de sérieuses difficultés de terrain, ou que le gros matériel manque, l'obusier par la petite pièce de campagne. Les résultats obtenus ont été très satisfaisants. Il ne serait même pas impossible qu'on fît usage de ce nouveau tir avec des batteries de campagne dans la guerre du Mexique.

Au moment où l'Empereur pointait lui-même une pièce, l'Impératrice arriva à l'improviste. Les troupes l'accueillirent avec un

enthousiasme indescriptible ; du reste Sa Majesté s'est montrée
pour tous, officiers et soldats, d'une affabilité exquise. Mais ce
n'est pas tout, comme si elle eut voulu s'initier au grand art de
la guerre ou montrer qu'elle n'a point les faiblesses de son sexe,
l'Impératrice a pointé trois pièces, le coup a parti et elle est restée
ferme et impassible au bruit de la détonation. Sa Majesté a fait
donner la médaille militaire à deux de *ses servants*.

Une des pièces dont Elle s'est servie portera son nom. La bat-
terie à laquelle appartient l'*Eugénie* est très-fière de l'honneur
qu'elle a reçu ; on peut assurer d'avance que cette pièce sera soi-
gnée d'une manière toute particulière, afin de la conserver le plus
longtemps possible.

Plusieurs promotions et nominations dans l'ordre de la Légion
d'honneur ont été faites au Polygone même. Nous en donnons la
liste plus loin.

En revenant du polygone, l'Empereur a passé rue des Hémic-
rettes sous un arc de triomphe bien modeste, mais qui cependant
avait un grand mérite à ses yeux, car ce sont de pauvres ouvriers
aidés de quelques personnes notables du quartier qui l'ont construit et qui sont allés chercher au loin les arbres et le feuillage
nécessaires à son érection.— C'est ainsi que le quartier du Château
a complété sa manifestation de reconnaissance envers l'Empereur.

L'Impératrice s'était rendue ensuite à la salle d'asile de la rue
Saint-Paul, où s'étaient réunies les députations des autres écoles
conduites par les sœurs. M. le curé Rémond a reçu Sa Majesté en
lui adressant l'allocution suivante :

MADAME,

Nous lisons dans les Saints Livres que, lorsque Dieu avait accordé à
son peuple quelque grâce plus signalée, Moïse en consacrait le souvenir par une fête commémorative. Dans la pensée du Saint législateur
cette fête, célébrée tous les ans, devait être, pour tout le peuple, un
mémorial permanent de sa reconnaissance.

S'inspirant de cet exemple, et ravies jusqu'à l'enthousiasme de la
bonté de Votre Majesté qui daigne s'abaisser jusqu'à venir vers nos
pauvres petits enfants et se complaire au milieu d'eux, nos dames patronesses m'ont envoyé vers vous, Madame, pour vous offrir l'hommage de leur profonde admiration et de leur plus parfait dévouement.

Mais elles désirent, Madame, vous en donner un gage, et l'agrément
de Votre Majesté leur est nécessaire ; aussi m'ont-elles chargé de com-
pléter ma mission, en La suppliant de vouloir bien que ce jour ait son
anniversaire et devienne ainsi, pour tous ces chers enfants et pour elles,
une fête commémorative.

Votre approbation, j'en ai la confiance, Madame, ne manquera pas
à un désir si légitime, à un dessein si pieux, j'ajoute avec bonheur, et
si conforme à vos goûts les plus chers. Que Votre Majesté daigne en
juger elle-même, car voici le dispositif de cette fête qui sera tout-à-fait
simple, afin qu'elle soit mieux comprise, mais qui sera bien religieuse
aussi. Dès la veille nos petits enfants seront conviés par leurs maîtresses
à venir tous ensemble chanter et prier, à une messe que nous serons
bien heureux, nous, de célébrer pour Votre Majesté, nous unissant de

cœur à vos intentions les plus saintes de Souveraine, d'épouse et de mère.

Et pour marquer ce jour d'un cachet de perpétuité, notre très vénéré et tout dévoué président du comité de patronage, l'honorable maire de la ville, doit en faire graver, en lettres d'or, la date avec le nom de Votre Majesté, sur un marbre qui sera incrusté dans une des murailles de chacun de nos asiles.

Ainsi, Madame, et grâce à vous, ainsi sera rappelée à toutes les générations de petits enfants qui viendront s'abriter là, la mémoire d'une très haute, très puissante et toute bonne Souveraine, qui, non-seulement ne dédaigna point le titre que lui conférait un décret solennel de protectrice de tous les asiles de France, mais s'en glorifia comme elle aurait fait de sa couronne même, cette couronne la plus belle du monde.

Pour vous, chers petits enfants, dont, en ce moment, toutes les pensées sont dans vos yeux qui ne peuvent pas assez regarder et assez contempler, vous ferez au bon Dieu, tous les jours, votre prière pour cette Dame si bonne, si bonne, comme on vous la nomme ici. Oh ! que vous la ferez de bon cœur, n'est-ce pas, cette prière là ; mais surtout vous n'oublierez pas, en la faisant, un jeune enfant, dont elle est la mère, et qui s'appelle, vous savez, le Prince Impérial, et, pour ce cher enfant, vous demanderez au bon Dieu qu'il s'élève à la manière de l'enfant Jésus, et se prépare ainsi à faire, un jour, quand il aura grandi, le bonheur de la France.

Une cantate a été chantée en espagnol par trois enfants. — Cette attention qui révèle de la part de l'auteur beaucoup de tact, puisque l'Impératrice est espagnole, a été très sensible à Sa Majesté. La visite a duré près d'une heure. Sa Majesté s'est informée, avec sa sollicitude accoutumée, des besoins de l'école et des enfants. Elle a laissé, dit-on, des preuves de sa munificence.

Le programme officiel fixait à une heure le départ de Bourges de Leurs Majestés, mais les visites de S. M. l'Impératrice au Polygone et à la salle d'asile s'étant prolongées au-delà des prévisions, l'Empereur et l'Impératrice n'ont pu quitter l'hôtel de la Préfecture que vers une heure et demie. Le cortége marchait dans le même ordre que le matin. Les députations, les pompiers et la troupe formaient la haie sur le parcours indiqué pour le départ, et la foule était aussi considérable qu'à l'arrivée.

Pendant tout le séjour de Leurs Majestés à Bourges, les marques de sympathies de la population ont été toujours en croissant, mais rien n'a égalé l'enthousiasme manifesté par la foule au moment du départ.

Du haut de l'avenue Bourbonnoux jusqu'à la place Gordaine ce n'était que feuillage, fleurs, drapeaux, etc.

Tout le monde a remarqué, et Leurs Majestés avec tout le monde, combien les habitants de la rue St-Bonnet ont déployé de goût dans la décoration de leur quartier. Indépendamment de l'arc de triomphe léger et élégant élevé à l'entrée de la rue St-Bonnet, combien de maisons dont la façade disparaissait en quelque sorte sous des tentures de fleurs et de feuillage ! A voir ce sol bien sablé et ces traces de verdure, on eut pu se croire dans un parc délicieux. Cette rue offrait un aspect si pittoresque, que Leurs Majestés n'ont pu résister au désir de la voir encore au moment de la quitter. En tournant le cours Beauvoir, elles se sont levées spontanément pour juger d'un coup d'œil qui les a ravies.

Voici un fait qui prouve combien la population de notre département est dévouée à la famille impériale. Aussitôt après le passage du cortége, une partie de l'arrondissement de St-Amand (pompiers et députations), voulant donner à l'Empereur une nouvelle marque de sa sympathie, quitta la place qu'elle occupait à Séraucourt et faisant un long détour au pas gymnastique par les boulevards St-Louis et Saint-Laurent, elle arriva au pont St-Privé avant le cortége, qui passa bientôt après. La musique d'Aubigny-Ville joua l'air de *la Reine Hortense*, et députations et pompiers mélangés acclamèrent de nouveau l'Empereur, l'Impératrice et le Prince Impérial. Puis tous regagnèrent Séraucourt en bon ordre par les rues St-Bonnet et Bourbonnoux.

L'Empereur, à qui rien n'échappe, s'étant aperçu de cette manifestation très-spontanée, s'est penché hors de la portière et a remercié les auteurs d'un geste amical accompagné d'un gracieux sourire.

En arrivant à la gare, Leurs Majestés Impériales trouvèrent les hauts fonctionnaires et un grand nombre de dames venues pour faire leurs adieux. C'est alors que l'Empereur, s'adressant à M. Planchat, dit « qu'il était enchanté de la réception que la ville de Bourges venait de lui faire, et que ce n'était pas la dernière fois qu'il y viendrait. »

Mme Paulze-d'Ivoy a offert à l'Impératrice, pour le Prince Impérial, une charmante corbeille de fruits de Fontainebleau, que Sa Majesté a acceptée avec le plus gracieux empressement.

Puis l'Empereur et l'Impératrice, après avoir pris congé de toutes les personnes qui les entouraient, sont montés en vagon. Mais l'Empereur est redescendu immédiatement, l'Impératrice partant seule pour Saint-Cloud. A 1 heure 45 minutes, le train de l'Impératrice partait aux cris de : Vive l'Impératrice ! Vive le Prince Impérial !... quelques instants après, l'Empereur partait à son tour, mais pour Vichy, où il va passer vingt jours, dit-on. Pendant deux ou trois minutes, l'air retentit des vivats enthousiastes poussés par les assistants, qui ne se retirèrent que lorsque le canon salua le passage du train à Saint-Privé.

L'Empereur et l'Impératrice, en quittant Bourges, ont témoigné à plusieurs reprises à M. le Préfet et à M. le Maire combien ils étaient touchés de l'accueil cordial et chaleureux des populations du Berry.

L'influence magique du grand nom de Napoléon, l'attachement que l'empereur Napoléon III a su inspirer aux masses par l'intérêt tout particulier qu'il porte à l'agriculture et aux classes laborieuses, la présence de l'Impératrice, si belle et si bonne, qu'on aimait avant de la connaître et qu'on voulait connaître pour l'aimer davantage, en un mot l'affection et le dévouement des populetions pour la famille impériale rendaient aux magistrats leur tâche facile. Le concours empressé des habitants devait faire et a fait en réalité la plus belle partie de la fête. Mais ce n'est pas une raison pour méconnaître ni oublier le zèle et l'intelligence qu'ont mis à s'acquitter de leur mission les personnes auxquelles incombait plus particulièrement le soin de préparer au chef de l'Etat et à sa gracieuse compagne une réception capable de faire apprécier les sentiments de ceux qu'ils venaient visiter. M. le Préfet et M. le Maire, c'est-à-dire le département et la ville, ont rivalisé d'élan, de soin, de tact et de bon goût dans l'organisation de ces fêtes, qui ont été si belles, et dont le département tout entier conservera le plus agréable souvenir.

G. GRANDIN.

(Extrait du *Journal du Cher*).

Voici la liste exacte des croix civiles qui ont été accordées par l'Empereur, avec le résumé des services qui ont été placés par M. le Préfet du Cher sous les yeux de Sa Majesté et qu'elle a entendu récompenser.

Croix d'Officier.

MM. DES MÉLOIZES, conservateur des forêts, 36 ans de services, dont 15 comme conservateur. Chevalier du 20 mars 1851.

LETRAIN, ingénieur en chef, 35 ans de services, dont 14 comme ingénieur en chef. Chevalier du 22 janvier 1852.

MURAOUR, chirurgien du brick l'*Inconstant* qui a ramené l'Empereur de l'île d'Elbe. Chevalier de 1815.

Croix de Chevalier.

MM. Le Comte DE NESLE, député du Cher, membre du conseil général, ancien officier de cavalerie, ancien lieutenant-colonel de la garde nationale de Bourges.

MARTIN, conseiller de préfecture, secrétaire-général, 14 ans de services. A rempli deux longs intérims en 1855 et en 1860.

AMY, membre du conseil général du Cher depuis le 20 août 1848 et secrétaire dudit conseil depuis la session de 1851, juge-de-paix.

MARÉCHAL, ingénieur ordinaire de 1re classe, chargé du service de la Sologne.

MM. Manceron, magistrat consulaire depuis 32 ans, fréquemment nommé président du tribunal de commerce de Bourges.

Dupont, directeur des contributions indirectes, 51 ans de services, dont 15 comme directeur.

Desdouits, inspecteur de l'Université, chargé de l'instruction primaire ; 35 ans de services dans l'Université, dont 8 comme inspecteur d'Académie à Bourges.

de Jumigny, médecin en chef des hospices de Bourges depuis 20 ans. A eu un frère lieutenant tué à Leipsik, un autre garde d'honneur tué à Hagueneau.

Augier (baron), ancien capitaine de cavalerie, maire depuis 32 ans, agriculteur distingué.

Pyrot, maire de Civray, officier sous le premier Empire, 30 ans de services civils comme maire et officier de la garde nationale.

L'abbé Raymond, curé de Notre-Dame, doyen des curés de Bourges.

Laloriel de Sourdeval, agriculteur distingué. Lauréat de la prime d'honneur au concours régional de Bourges en 1862.

Bourbon, capitaine commandant des sapeurs-pompiers de la ville de Bourges.

CROIX ACCORDÉES DANS LA MAGISTRATURE SUR LA PROPOSITION DES CHEFS DE LA COUR.

MM. Tenaille, Premier Avocat-Général près la Cour impériale.

Guillot, Avocat, ancien bâtonnier.

Bonnesset, Conseiller à la Cour impériale.

Adrien Bernard, président du Tribunal du Blanc (Indre).

Promotions militaires.

Croix de Commandeur :

MM. Lion, général d'artillerie ;

Tidy, colonel directeur d'artillerie ;

de Golberg, colonel du 38ᵉ de ligne ;

Joly-Frigola, colonel du 19ᵉ d'artillerie.

Croix d'Officier :

MM. Forgeot, commandant d'artillerie ;

Vᵗᵉ d'Arnaud, sous-intendant militaire ;

Bossu, commandant de gendarmerie ;

de Lapparent, chef de bataillon du génie.

Croix de Chevalier.

MM. Bousson, capitaine d'artillerie ;

Delcrot, *id.* *id.* ;

Giraud, capitaine au 38ᵉ de ligne :

Laforgue, lieutenant *id.* ;

Martin, *id.* *id.* ;

Broutin, chef de musique au 19ᵉ d'artillerie ;

Conter, maître artificier.

ADRESSE

Des Délégués du Commerce et de l'Industrie.

SIRE,

Si les industriels, qui ne sont point dominés par un égoïste intérêt,
doivent vous remercier sincèrement pour les grandes et judicieuses
mesures adoptées par votre Gouvernement, tout à la fois pour les inté-
rêts généraux du commerce et pour le bien du pays ; les commerçants
et industriels de cette ville et de l'arrondissement, doivent remercier
doublement Votre Majesté, et pour les traités d'échange et de commerce, et aussi pour la création dans notre ville des grands Établissements militaires.

Ces Établissements qu'ils doivent à votre haute et patriotique initia-
tive, en outre de l'intérêt général du pays, ne peuvent manquer de
donner une impulsion favorable au commerce et à l'industrie de cette
contrée jusqu'alors déshéritée, et contribuer à son heureux développement. Nous serait-il permis, Sire, de rappeler à Votre Majesté, que c'est
de cette cité paisible et dévouée, que sont parties, en 1852, ces acclamations spontanées pour le Prince que le peuple et le commerce recon-
naissaient pour leur Sauveur ; ces témoignages de gratitude pour ce que
vous aviez fait déjà, pour rasseoir l'ordre si profondément ébranlé, réta-
blir la confiance et raffermir le crédit public ; et dans l'espoir aussi des
grandes choses que vous deviez faire encore. Cette première visite
dont vous nous avez honoré, Sire, restera à jamais gravée dans notre
mémoire, comme celle dont vous daignez nous favoriser aujourd'hui.

Permettez-nous, Sire, de déposer, aux pieds de Votre Majesté, l'hommage de la profonde gratitude, de l'inaltérable attachement et des
vœux que les commerçants et industriels de Bourges et de l'arrondissement, dont nous sommes les organes, forment du plus profond de
leurs cœurs, pour le bonheur de Votre Majesté, de notre bonne et si
gracieuse Impératrice et du Prince Impérial, l'espoir de la France.

Vive l'Empereur ! Vive l'Impératrice ! Vive le Prince Impérial !

Au moment où la députation des jeunes demoiselles de la ville
était reçue par S. M. l'Impératrice, il Lui fut présenté une boîte
charmante et recouverte de satin blanc, renfermant des pralines,
et sur laquelle on lisait en lettres d'or : *Pralines de Bourges
offertes au nom de la ville et du commerce à Sa Majesté l'Impératrice, pour Son Altesse Impériale, par Dajon et Lefèvre, fabri-
cants. 10 juillet 1862.*

L'Empereur s'est montré très-favorable au projet de dégage-
ment de la cathédrale, qui lui a été soumis avant son départ. Nous
croyons savoir que M. le Préfet a été autorisé par Sa Majesté à
lui porter à Vichy un plan bien étudié des travaux qu'il y aurait à
exécuter pour donner à notre belle cathédrale la perspective qui
lui manque aujourd'hui.

Une scène pleine d'intérêt s'est passée au retour de M. le Préfet, dans la rue Jacques-Cœur. La Compagnie de sapeurs-pompiers de Bourges était rangée près de l'hôtel-de-ville lorsque arriva la voiture de M. Paulze-d'Ivoy. — La compagnie s'apprêtait à saluer le premier magistrat du département lorsque M. le Préfet, descendant de voiture, vint trouver M. Bourbon, capitaine, et lui annonça que Sa Majesté l'Empreur venait de récompenser ses longs et bons services en lui accordant la croix de la Légion-d'honneur. M. le Préfet reçut M. Bourbon chevalier au bruit des cris de Vive l'Empereur ! Vive M. le Préfet ! poussés par toute la compagnie et répétés par les nombreux témoins du fait, que, pour notre compte, nous sommes heureux de rapporter.

C'est tout à la fois un très grand honneur et une bien grande joie pour les provinces que d'être visitées par le Souverain; mais ce bonheur est si rare que la date de cette précieuse visite devrait être, comme l'a dit M. le Maire dans son discours, inscrite en lettres d'or dans les annales de la cité, afin d'en perpétuer à tout jamais le brillant souvenir. Pour notre compte, il faut remonter à plus de deux siècles pour retrouver la présence d'un monarque au milieu de nous. En 1651, vers la fin des guerres de la Fronde, Louis XIV encore enfant vint à Bourges. Ce fut, avant Napoléon III, le dernier Souverain qui nous visita.

Louis XIV et Napoléon ! Que de glorieux souvenirs il y a dans le rapprochement de ces deux grands noms !

G. GRANDIN.

A. JOLLET — IMP. BOURGES.

9 782019 214722